HSU 「幸福論」シリーズ②

キリストの幸福論

Happiness Theory by Jesus Christ

大川隆法

Ryuho Okawa

まえがき

幸福の科学大学の設立を構想するにあたって、産みの親である宗教法人で、研究すべき対象となるべき歴史上の人物に関して、事前に、宗教的アプローチによって幸福論のアウトラインを調査しておいた。内部的には公開し、出版もしていたが、文部科学省の公務員や、大学審議会のメンバーには簡単に入手できないため、「幸福論」の概要を知りたいという要請がなされた。

本来極めて重要な文献であって、対外的に一般公開すべき筋合いのものではないが、今回、ソクラテス、キリスト、ヒルティ、アラン、北条政子、孔子、ムハンマド、パウロの幸福論の八巻に分けて、一般書として公開する次第である。

これらは宗教側からのアプローチであるので、各種「幸福論」研究の手がかりとして大学側に提示し、更なる具体的な研究の出発点にするための本である。しかし、分かりやすい幸福論研究の実例としては、参考にするには十分であろう。

二〇一四年　八月十日

幸福《こうふく》の科学《かがく》グループ創始者兼総裁《そうししゃけんそうさい》

幸福《こうふく》の科学大学創立者《かがくだいがくそうりつしゃ》　大川隆法《おおかわりゅうほう》

キリストの幸福論　目次

キリストの幸福論

二〇一二年二月十七日　イエス・キリストの霊示《れいじ》
東京都・幸福の科学総合本部にて

11

「霊言現象《れいげん》」とは、あの世の霊存在の言葉を語り下ろす現象のことをいう。これは高度な悟《さと》りを開いた者に特有のものであり、「霊媒現象《れいばい》」(トランス状態になって意識を失い、霊が一方的にしゃべる現象)とは異なる。外国人霊の霊言の場合には、霊言現象を行う者の言語中枢《ちゅうすう》から、必要な言葉を選び出し、日本語で語ることも可能である。

なお、「霊言」は、あくまでも霊人の意見であり、幸福の科学グループとしての見解と矛盾《むじゅん》する内容を含《ふく》む場合がある点、付記しておきたい。

キリストの幸福論

二〇一二年二月十七日　イエス・キリストの霊示《れいじ》
東京都・幸福の科学総合本部にて

イエス・キリスト（紀元前四〜紀元二九）

キリスト教の開祖で九次元大霊《たいれい》の一人。エルサレムの地で「汝《なんじ》の敵を愛せよ」等の教えを説き、病《やまい》を癒《い》やしたり、死者を蘇《よみがえ》らせたりする等の奇跡《きせき》を行ったが、神の子を自称《じしょう》した罪により、十字架《じゅうじか》に架けられ処刑《しょけい》。しかし、復活の奇跡を起こした（『太陽の法』『黄金の法』『２０１２年人類に終末は来るのか？』『トルストイ――人生に贈《おく》る言葉』『イエス・キリストに聞く「同性婚《どうせいこん》問題」』（いずれも幸福の科学出版刊）参照）。

［質問者四名は、それぞれA・B・C・Dと表記］

1　幸福の科学の有力な指導霊《しどうれい》イエス・キリスト

「現在のイエス・キリストの考え」を訊《き》きたい

大川隆法　最初に『キリストの霊言《れいげん》』（潮文社《ちょうぶんしゃ》刊）を発刊したのは、一九八五年の終わりごろかと思いますが、おそらく、その二、三年ぐらい前から霊言の収録が始まっていたはずなので、それから三十年近い歳月《さいげつ》が過ぎています。

一度、英語で霊言を行ったこともあるのですが（二〇一〇年四月十三日収録“Spiritual《スピリチュアル》 Messages《メッセージズ》 from《フロム》 Jesus《ジーザス》 Christ《クライスト》”）、今日は日本語にてトライしようと思っています。

イエス・キリストは、当会の有力な指導霊《しどうれい》の一人であり、大規模な講演会になりますと、シェア率では三割ぐらいは指導霊として来ているでしょう。

最初に行った霊言は、「善川三朗名誉顧問《よしかわさぶろうめいよこもん》が、自分の勉強や経験に基《もと》づいて、イエス・キリストにいろいろな伺《うかが》いを立てた」というものでしたが、時間もたちましたし、教団も進んでまいりましたので、今回は、少し視点を変えまして、また違《ちが》った角度からの意見を引き出せればよいかと思います。要するに、「二千年前で止まっている歴史的イエス」ではなく、「現在、霊天上界《れいてんじょうかい》で生きているイエス・キリスト」の考えなりを引き出すことができれば幸いかと考えているのです。

当会の教えのなかにも、一部、そうしたものが入っているとは思いますが、おそらく、個人の名前で出した場合には、若干《じゃっかん》、違う部分があるのではないでしょうか。

昔の話や、その後に出てきたイエス論等もあるかとは思いますので、いちおう、そういうものも踏《ふ》まえた上で結構ですが、「二十一世紀初頭に出てきたイエス」の言葉ないしは考えとして、これから先に遺《のこ》せるものがあれば遺したいと思います。

四大聖人《せいじん》が考える「幸福論」を探《さぐ》る

大川隆法　また、昨日（二〇一二年二月十六日）は、四大聖人《せいじん》の一人であるソクラテスの幸福論を収録しましたので、「同じくその一人であるイエスが幸福論を問われたら、どのように答えてくるか」ということも、関心のあるところです。

もちろん、質問者の関心領域とも関連してくると思うので、「誰《だれ》が訊《き》いても同じ」ということにはならないでしょう。今日の雰囲気《ふんいき》のなかで、どんなものができるのかは定《さだ》かではありませんが、まあ、やってみようかと思います。

ただ、みなさんは、話としては、すでに、「キリストの霊言」に近いものを、そうとう聴《き》いておられるはずです。

それでは、やってみます。

（大きく息を吐《は》く）

では、「イエス・キリストの霊言」を行いたいと思います。

幸福の科学指導霊団《しどうれいだん》の一人、イエス・キリストよ。どうか、幸福の科学総合本部に降りたまいて、われらに指導したまえ。

イエス・キリストの霊、流れ入《い》る、イエス・キリストの霊、流れ入る、イエス・キリストの霊、流れ入る、イエス・キリストの霊、流れ入る。

イエス・キリストの霊、流れ入る、イエス・キリストの霊、流れ入る、イエス・キリストの霊、流れ入る。

イエス・キリストの霊、流れ入る、流れ入る、流れ入る、流れ入る、流れ入る、流れ入る……。


（約十五秒間の沈黙《ちんもく》）

2 「幸福を求めて生きてはいなかった」

イエス・キリスト　ほう……（息をつく）。

A――　イエス様でいらっしゃいますでしょうか。

イエス・キリスト　そうです。

A――　本日は、幸福の科学総合本部にお越《こ》しくださいまして、本当にありがとうございます。

イエス・キリスト　うーん。

A――　また、イエス様におかれましては、教団の草創期《そうそうき》より、さまざまなかたちで、ご指導、ご支援《しえん》くださいましたことに、心より感謝申し上げます。本当にありがとうございます。

イエス・キリスト　うん。

A――　現在、私は、幸福の科学大学を担当しております（収録当時）。本日は、「キリストの幸福論」ということをテーマに、今現在、二〇一二年におけるイエス様の、将来に遺《のこ》していくお言葉として、さまざまなお教えを賜《たまわ》れればと存じます。どうか、よろしくお願い申し上げます。

イエス・キリスト　うん、うん。

B――　イエス様、本日はご降臨くださいまして、まことにありがとうございます。

イエス・キリスト　うん。

B――　本日は、「キリストの幸福論」という題名を頂きましたが、やはり、一般《いっぱん》の目から見れば、三十三年という短いなか、厳しい生涯《しょうがい》を送られたと思います。

しかし、「イエス様の本当の心のうちはどうであったのか」ということについて、後世《こうせい》の私たちは、その真実を知ることができません。

この、「一般的な幸福」「多くの人が求める幸福」とは違《ちが》った「幸福」であったと思われる、イエス様の生涯での心のうちを、ぜひ、お聴《き》かせいただけたらと思います。

イエス・キリスト　私は幸福を求めなかったので、お答えすることができないんです。私は、自分の幸福を求めては生きなかったので、残念ながら、ご趣旨《しゅし》には答えられません。幸福になるために、この世に生まれたのではありませんでしたので。

そうではなくて、世の人々を、「迷い」や「苦しみ」のなかから救うことを目的として生まれた者です。

ですから、今、「どのような幸福を求められたか」と言われても、残念ながら、私にはお答えできるような幸福論がございません。あえて、言葉を換《か》えて述べるとするならば、「私は、私の使命を果たすことに専念していた」と言うしかありません。

「使命を果たす過程において、自分がそのお役に立てることがうれしいという気持ちがあった」と言えば、そういうことかと思いますが、おそらく、あなたがたが思うような幸福論とは違うものかと思います。

B――　それは、「信仰《しんこう》ある者が使命に生きる」というときの〝絶対幸福〟に近い感覚であられるのでしょうか。

イエス・キリスト　申し訳ございませんが、〝絶対幸福〟を求めたわけでもありませんでして、「考えたことがない」と（笑）、私は申し上げております。

他の方々の苦しみや悩《なや》みや悲しみ、そういうものを癒《い》やし、治《なお》し、救うことに生きがいを見いだしてはおりましたけれども、私自身の幸福も、私自身の絶対幸福も、求めてはいませんでした。

ですから、残念ながら、「私の幸福論は『ない』」ということです。

3　キリスト教徒が持つ「贖罪《しょくざい》思想」

『旧約聖書《きゅうやくせいしょ》』から流れている「人間罪の子」の思想

B――　それでは、イエス様が法を説かれて二千年がたち、今のキリスト教の信者の方々が感じられていることのなかの一つをお訊《き》きしたいと思います。

イエス・キリスト　はい。

B――「贖罪《しょくざい》意識」と言われているものがありまして、イエス様は、非常に力強い情熱的な教えを説いてくださいましたが、今のキリスト教の信者の方々のなかには、罪の意識を持たれている方も多くいます。
そこで、「人間罪の子」という思想について、イエス様の今のお考えをお聴《き》かせいただけますでしょうか。

イエス・キリスト　おそらく、それは、『旧約聖書《きゅうやくせいしょ》』の影響《えいきょう》もかなり入っているかとは思います。
『旧約聖書』のなかの「創世記」において、「神が、地球とか、天地を分けられ、人類や動植物をつくられ、それから、エデンの楽園ができたけれども、（人が）神の掟《おきて》を破って知恵《ちえ》の木《き》の実を食べ、善悪を知るようになったために、神はこれを罰《ばっ》された。人間に苦しみを与《あた》えられ、人は額《ひたい》に汗《あせ》して働かなければならなくなり、女性は子供を産むに際して、産みの苦しみを味わわねばならなくなった」という趣旨《しゅし》のことが書かれておりますので、すでに、私以前の段階で、ユダヤ教のなかには、そうした「人間罪の子」の思想は流れていました。

また、私の生まれる千年近い昔の預言者《よげんしゃ》の言葉のなかでも、「救い主が地に遣《つか》わされるけれども、それが屠《ほふ》られ、〝あげられる〟であろう」ということが、すでに予言されておりました。

まあ、その予言の成就《じょうじゅ》のために、私は生まれたのかもしれませんが、それが、「人類の罪を贖《あがな》うためであったかどうか」については、議論の分かれるところであろうかと思います。

ただ、あなたがた人間は、生きている間、数十年の時間軸《じく》でしか物事を見ないので、そのなかでの幸・不幸をお考えになるのだと思いますけれども、私の場合、死して二千年がたち、現在では、キリスト教という大きな括《くく》りでいけば、二十億人にも達する人々が信者として存在しています。まさしく、「〝一粒《ひとつぶ》の麦〟が地に落ちて命を捨てることによって、今、二十億人が信仰《しんこう》を持つ」ということが、二千年の歴史を経《へ》て現実となっております。

私の時代において、二十億人の人を信じさせるということは不可能なことでありましたし、そもそも人類の人口そのものが、二十億人はいなかったでありましょうから、「〝一粒の麦〟は限りなく大きく広がったものだ」というふうに考えております。

何をもって、贖罪と考えられるのかは知りませんけれども、まあ、少なくとも、キリスト教信仰の歴史のなかで、そういう考えが出てきていることは事実ではあります。

人類の罪を贖《あがな》うために十字架《じゅうじか》に架かったわけではない

イエス・キリスト　ただ、私自身は、うーん、どうでしょうかね。まあ、「人類の罪を贖《あがな》うために自分自身が十字架《じゅうじか》に架かったと考えていたか」と問われたならば、率直《そっちょく》なところ、「そのようには考えていなかった」と言わざるをえません。

後世《こうせい》の弟子《でし》たちや教会が、どのような議論を立てたかは別といたしまして、私自身は、「インスピレーションの赴《おもむ》くまま、神の命じられるままに行動をなし、そして、御心《みこころ》のままにその身を委《ゆだ》ねた結果、私の言葉は、ローマの兵士たち、あるいは、ユダヤの民衆たちをも説得することができず、罪人と共にゴルゴタの丘《おか》で十字架に架かった」ということです。

人間イエスとしての生命《せいめい》は、それで終わっております。

その重い十字架を背負《せお》って丘に登りて、そうして、磔《はりつけ》にあったときに、「人類の罪を贖うために自分が死のうとしていたか」といいますと、自分自身は、必ずしも、そのように思っていたとは思いません。むしろ、自らの使命が、その時点では果たし終えていなかったことに対する残念な気持ちが残っていました。

エルサレム入城《にゅうじょう》については、神よりの使命が下っていたし、予言的には、そこで死するであろうということも伝えられてはおりましたので、「神の言葉であるならば、それは受けねばならん」とは思っておりましたけれども、「なにゆえに、人々を、わが教えに〝帰依《きえ》〟させることなく、その前に、十字架にて、この世を去らねばならぬか」ということに関しては、やはり、幾分《いくぶん》、残念な気持ちがあったことは否《いな》めません。

さまざまな奇跡《きせき》を起こしたことが、『聖書』には書かれております。しかし、最期《さいご》において、あまりにも人間的な死に方をしておりますので、「これの持つ意味が、いったい何であるのか」ということは、その時点の私にもまた、十分には理解できていなかったと思います。

むしろ、できるだけ、数多くの人々に福音《ふくいん》を宣《の》べ伝え、癒《い》やしを与えたけれども、そのことよりも、人々はわが罪を裁く者の勢力のほうに大多数が加勢していき、わが弟子たちもまた、散り散りになっていった。まあ、これは、ある種の教団の壊滅《かいめつ》と同時に、わが死が訪《おとず》れたわけでありますので、そのことに対して、「神の仕組みとして、はたして、これで成功するのかどうか」という気持ちがあったことは否めません。

「決して、人々の罪を贖うというような気持ちで十字架に上《のぼ》ったわけではなかった」というのが率直な気持ちです。私が十字架に架かったことにおいて、のちの人々が、十字架をキリスト教のシンボルとし、その信仰を広め、伝道をして人々を救済することで、結果的には、「イエスの死は無駄《むだ》にならなかった」ということを宣べ伝えていたのではないかと考えております。

だから、「贖罪思想」は、どちらかというと、弟子がつくった思想に近いのかなあというふうに考えてはおりますけれどもね。

B――　はい。ありがとうございました。「贖罪思想」、そして、「十字架についての真実」を、イエス様からお聴かせいただきました。

4 「信仰《しんこう》」と「奇跡《きせき》」の関係性

キリストが語る「復活」の真実とは

B――　イエス様の死後、キリスト教の伝道が、大きく大きく繰《く》り広げられていくきっかけの一つになったものに、やはり、「復活」があったと思います。

この、弟子《でし》の前に現れた復活の真実についても、今の、二〇一二年時点でのイエス様のお考え、お気持ちを、お聴《き》かせいただけますでしょうか。

イエス・キリスト　うーん。まあ、「復活」は、多くの人に目撃《もくげき》されておりますので、やはり、霊的《れいてき》真実としては「あった」と言わざるをえないと思います。

ただ、物語としての『聖書《せいしょ》』に書かれているもののなかには、かなり、この世的、唯物論《ゆいぶつろん》的にも説明できるようなかたちでの復活として描かれているものが多いように感じられます。ですから、「〝死体〟としてのイエスはなく、〝そのまま(肉体を持って)〟生き返った」というかたちですね。

キリスト教における復活は、「いったん死んだ者が、肉体を持って生き返る」というスタイルの復活を考えているようでありますけれども、『聖書』が成立したのが、私の死後、数十年たってからのことでありますので、あるいは、『聖書』を完成させた人そのものは、私の時代の人ではなかったかもしれません。

だから、イエスを知らない人にも分かるように書いたところはあるのだろうと思いますが、正直に申し上げまして、「私の幾人《いくたり》かの弟子たちには〝霊的な目〟が開《ひら》けていて、私の、〝霊的な、聖なる復活〟の姿が見えた」というのが、当たり前の真実であるのではないかと思うし、「その声が聞こえた」ということでもあっただろうと思います。

まあ、それが、いちばん自然な解釈《かいしゃく》でしょう。

「ラザロの復活」と「キリストの復活」の相違《そうい》点

イエス・キリスト（復活が）そうした、死者の蘇《よみがえ》り風に説かれたことには、私が生前、死んだとされた人を蘇らせたという「ラザロの復活」等が載《の》っている（『ヨハネによる福音書《ふくいんしょ》』）ということもあったので、「自分に対してもそういうふうにしたのだろう」ということも言いたかったのかなあとは思いますけれども。

うーん、まあ、そういうことは、そうした使命があったときに起きることでして、ラザロの場合は、まだ死ぬべきときが来ていなかったので、この世に返すことができたのですけれども、私の場合は、死ぬべきときが来ていたのでね。実は、天界《てんかい》に赴《おもむ》かねばならない時期は来ていたと思います。

ただ、その前に、弟子たちの前に数多く姿を現したことは事実ですが、『聖書』に書かれたもののなかでは、かなり、この世的な復活、肉体的な復活として、ヨーロッパの伝統のなかにおける、さまざまな〝怪奇《かいき》もの〟の復活と同じような描かれ方をしているかのように思われます。

「奇跡《きせき》」に対してあるべき心の持ち方

B――「復活」も、一つの奇跡《きせき》として後世《こうせい》に伝えられていますが、今のキリスト教のなかでは、一部、「奇跡というものは信じられない」という傾向《けいこう》もあると聞いております。

私たち幸福の科学では、エル・カンターレ信仰《しんこう》を信じています。まだまだ未熟ながら、この信仰が強まれば強まるほど、奇跡という現象も、主の御慈悲《ごじひ》によって、あちこちで起きてきております。

この「信仰と奇跡」について、イエス様のお考えをお聴かせいただきたいと思います。

イエス・キリスト　うーん……。まあ、私は、奇跡を起こす際に、信仰を条件といたしましたけれども、この世の生きとし生けるものは、神との契約《けいやく》によって生きているものです。

この世のつくり手は、この世のものを生かすことも生かさないことも自由であるし、おそらく、病気にすることも治すことも自由であろうと思います。

それらが、生きている人間の思いのままに必ずしもならないのは、「この世が、その者の学びのために存在している」ということが大きいのではないでしょうか。

もちろん、キリスト教の一派のなかには、「思いがそのまま実現する」ということを中心にして伝道しているところもございます。まあ、そういう面もあるかもしれませんが、そういう思いを超《こ》えて、人間心では届かぬものが存在することも、また、事実です。

ですから、主《しゅ》への信仰が奇跡を起こす場合もありますが、それが、「この世において、契約が履行《りこう》されるようなかたちで起きるものではない」ということも、また、知らねばなりません。

そういうふうに考えておれば、失望する人も出、悪魔《あくま》の手下に下《くだ》る方も数多くいるであろうと思います。

そうした信仰のかたちのなかで、一種の「完全他力《たりき》の考え方」に変わっていったならば、「神の側にすべての責任がある」というものの見方もあろうと思うけれども、あなたがたの教えのなかには、そうではない、「自分たちでまいた種は、自分たちで刈《か》り取らねばならない」という思想もあります。

そのように、自分たちでまいた種については、自分たちで刈り取らねばならぬ部分はあって、それに気づき、それを刈り取るのは自らの力であって、奇跡の範疇《はんちゅう》の外にあるものです。

奇跡というのは、そうした予想を超えて、想定外に起きるもののことを言いますが、残念ながら、今のキリスト教では、そのような奇跡も、そう簡単には認められないものとなっており、聖母《せいぼ》マリアがルルドで奇跡を起こしても、病院でその結果を診断《しんだん》しては、なかなか奇跡として認めず、証明書が出ないというような事実もあるようであります。

まあ、唯物論の力の勝《まさ》れることの驚《おどろ》きに涙《なみだ》を禁じえませんが、そうした一つの極《きょく》に人々の心が揺《ゆ》れたあと、また、自らのあり方に反省を覚え、霊的なる人生観をつかみ取る人々の出てくる時代が来るものだと思います。

あなたがたは、「唯物論と戦争の世紀」を生き延《の》びてまいりましたが、また、そうではない世紀が始まっていくものと信じて疑いません。

B――　ありがとうございました。自らの心にある、この世的なものを捨て去り、また、そうしたものと戦って、生涯《しょうがい》、本物の伝道師になっていきたいと思っております。

5　神が真に願っていることとは

「感謝」や「賛美《さんび》」を神は求めていない

C――　イエス様、本日は、まことにありがとうございます。

キリスト教というものを考えたときに、やはり、その特色として、神からの恩寵《おんちょう》、恵《めぐ》み、神の偉大《いだい》さというものが、非常に強く表れてくると思います。

また、イエス様を見習いまして、ペテロやパウロなど、数多くの弟子《でし》たちが、神の使命を果たすために、この世の命を捨てて散っていきましたが、弟子たちは決して不幸ということはなく、その心は幸福感に満たされて、この世を去ったものと、私は思っております。

キリスト教的な幸福感を、あえて表現するならば、「神への感謝」「神への賛《さん》美《び》」ということになるかと思うのですが、私たち、信仰《しんこう》を持つ者が、毎日、神を賛美しながら生きていくための心構えをお教えいただければ幸いでございます。

イエス・キリスト　神は、「感謝」も「賛美」も、求めてはおられません。

それは、あくまでも、地上の教会において、職業的聖職者が言っていることであろうと思います。

神が、完全にして、尊敬されるべき存在でなければならないのは、この世があまりにも不完全であるからであり、この世の人々の生き方があまりにも気の毒であるからです。

それが人生の真実であるならば、人々には救いがありません。そうした「不完全な世界」の反対の極《きょく》には、「完全なるもの」がなければなりません。そして、「完全なる至福の世界」が存在することをもって、人々は、この世の苦難や困難にも耐《た》えていくことができるものなのです。

「神は、決して、賛美や感謝を求めたりはしておられない」ということは知っておいてください。

神は、常に、人々がこの困難のなかの時代を無事に生き抜《ぬ》くことを願っており、そうして、この世を去ったあとに彼らを待ち受けているものについて、いかにして彼らを導くかということに心を砕《くだ》いておられます。

だから、「教会の聖職者が言っていることと、神が願っておられることとは同じではない」ということを知られたほうがよいかと思います。

神を免罪符《めんざいふ》のごとく使ってはならない

C――ただ、神の御慈悲《ごじひ》に対し、感謝を捧《ささ》げさせていただくこと自体は許されるものでしょうか。

イエス・キリスト　それは、「己《おのれ》自身をどのように思うか」ということにかかわっています。

先ほど述べましたように、己が悪行《あくぎょう》をなしておりながら、「神に感謝したり、賛美したりすることによって許される」というふうに捉《とら》えているならば、そこにはまだ、未熟な信仰が存在すると思われます。

人間として、そのような悪行《あっこう》をなしているならば、あるいは、悪行《あくぎょう》を積んできたならば、生きている間に、人間として刈《か》り取るべきものは刈り取り、反省すべきものは反省し、借りたるものは返していくことが重要で、神を免罪符《めんざいふ》のごとく使うことが、必ずしも正しいとは思いません。

せめて、あなたがたに許されることは、「神よ、どうか、心弱き自分を許したまえ。力をわれに添《そ》えたまえ」と願うことでありますけれども、感謝、賛美でもって、自分の罪をすべて粉飾《ふんしょく》し、隠蔽《いんぺい》できると考えるならば、地獄《じごく》はとっくになくなっていることでしょう。

C――　ありがとうございます。

6 「魂《たましい》の教師」として生まれた

C――　それでは、次に、「国家としての幸福論」についてお訊《き》きします。

イエス様の教えのなかには、「汝《なんじ》の敵を愛し、汝を迫害《はくがい》する者のために祈《いの》れ」という尊い教えがございますが、これを、国家間に当てはめたときに、例えば、イエス様の過去の転生《てんしょう》であられるクリシュナ神など、最終的には敵に滅《ほろ》ぼされてしまうようなことも起きたと思われます。

そうした、「敵をも愛する」というような、心のなかでの大きな愛の気持ちと、現実的世界とのギャップを埋《う》めるためのものがございましたら、お教えいただければ幸いです。

イエス・キリスト　この世には、私のように、「魂《たましい》の教師」として生まれてくる者と、また、政治家や軍人のように、この世での勝利を起こすために生まれてくる者とがあります。

ですから、私のような人間は、この世的な戦いで勝利したり、敵に勝つことを目的として生まれてきている者ではありません。

そうした使命を持った者も、確かにいるでしょう。

軍事的英雄《えいゆう》たちも、また、神の栄光を表しているかもしれませんし、敵から見事に防戦をすることをもって、国を守る守護神《しゅごしん》と化した、神の化身《けしん》もいるでありましょうが、私のような者の役割は、そういうものではありません。あくまでも、この世的な生命や財産のやりとりをしていくなかにおいて、「魂の教師として、人々の魂を、いかにして豊かなものとしていくか」ということに、仕事の中心を見いだしていた者であります。

私自身は、人々を勝たせることも、人々を豊かにすることも、人々を、この世的な意味において幸福にすることも、決してできなかった者であると考えております。

ただ、「魂の真実を告げ、魂の清《きよ》めを与《あた》えた」ということだと考えます。

7　今のクリスチャンに望むもの

キリストの心に適《かな》う信者は「百人に一人」

D――　イエス様、この度《たび》はご降臨くださり、まことにありがとうございます。

そして、日々、人類を導いてくださり、本当にありがとうございます。

私は、エル・カンターレ信仰《しんこう》伝道局で聖務《せいむ》をさせていただいております。

現在、世界では、億万単位の、本当に多くの方が、日々、イエス様に祈《いの》り、そして、救いを求めておられます。

そうした人々に対して、また、キリスト教の信者の方々に対して、今、イエス様が率直《そっちょく》にお感じになられていることをお教えいただけたらと思います。

イエス・キリスト　うーん。まあ、教会に集《つど》う人にあって、私の心に適《かな》う人は、百人に一人ぐらいでしょう。

百人のうち九十九人は、私の心に適うスタイルでの信仰を行《ぎょう》じているわけではなく、教会に都合《つごう》のいいスタイルでの信仰を行じていると思います。

私は、あくまでも、「霊的《れいてき》な目覚めを人々に与《あた》えたい」という気持ちでおりますが、教会そのものが世俗《せぞく》的なものとなってしまっています。まあ、歴史的事実としてのキリストの人生を伝えているかもしれないし、歴史的言葉としてのキリストの言葉を伝えてはいるかもしれませんが、わが心に適う者は、百人のうち一人ぐらいしかいないのではないでしょうか。

私が欲《ほ》しいのは、清い魂《たましい》の持ち主ですが、そうではない意味において教会を利用する者、あるいは、教会にて人々を利用する者など、そういう者が数多くはびこっているように感じます。

ですから、「信者が二十億人いる」と言われても、なかなか、そのなかに、真のイエス・キリストへの信仰を持っている者が数多くいるとは思われません。あなたがたにおけるエル・カンターレ信仰伝道局なるものも、そうしたふうにならないように、気をつけられたほうがよいと思います。

D――　イエス様のお言葉を肝《きも》に銘《めい》じて、精進《しょうじん》させていただきたいと思います。

十字架《じゅうじか》に架かるイエス像を前にして感じるべきこと

D――　現在のキリスト教の信者の方々を見ていますと、本当に熱心な方であれば、自分自身に、さまざまな問題や悩《なや》みや不幸などがあるときには教会に行き、イエス様の十字架《じゅうじか》に架けられたお姿を見ることによって、あるいは、その十字架に触《ふ》れることによって、自分自身もまた、イエス様のご生前の痛みに心を合わせ、そして、たいへん癒《い》やしを受けられています。

そのような「愛と癒やし」につきまして、お教えいただけたらと思います。

イエス・キリスト　クリスチャンにとっては、茨《いばら》の冠《かんむり》をかむりて十字架に架けられたるイエス像を信仰の対象とすることは、なかなかつらいことでありましょう。それは、「血を流すイエス」ですから。

それを現実のものとして思い浮《う》かべれば分かりましょうが、頭に茨の冠をかぶり、血を流し、足を折られ、釘《くぎ》を打たれた、十字架に架かるイエスを、神の独《ひと》り子《ご》として、「主《しゅ》」として崇《あが》めることのつらさは、いかんともしがたいものでありましょう。

そのイエス像に直面して、人々が感じるべきものは、「神の言葉を信じたる者が、このような姿において、この世を終えたという事実を何と見るか」ということだと思います。

つまり、「神の言葉を信じなければ、そうはならなかった。しかし、神の言葉を信じたがゆえに、そのような無残な姿で最期《さいご》を遂《と》げた。これをもって何と見るか」ということですね。

先ほど、贖罪《しょくざい》の話もありましたけれども、そうした、十字架に架かって死せるイエスの姿を見ることによって、「自らには、それだけの信仰心がない」と気づくことが、悔《く》い改めの始まりになりましょうか。

ですから、神が「魂の親」であり、偉大《いだい》なる「創世の親」であるならば、地上に降りたる人間一人ひとりの命は、たとえ、いかほどに尊いものであろうとも、〝一粒《ひとつぶ》の麦〟以上のものではないのだと知らねばならないということであるし、それ以上の謙虚《けんきょ》な心を持って生きねばならないということであるのですね。

なかには、自分が神になるような思想もありますけれども、誤解をしてはならないと思います。

確かに、この世には、神近き人もおり、もう少しで神に届くような人もいるでしょうけれども、大多数の人たちはそうではありません。

ですから、十字架において、私が人々に教えんとしていることは、「〝一粒の麦〟が命を捨てることによって、万の人が救われることがあることを知りなさい」ということであるし、「それほどまで激しく神を愛することが、あなたがたにはできますか」ということを、日々、問うているんですね。

神の願いは「この世的な完成」ではなく「清らかな魂《たましい》の生涯《しょうがい》」

イエス・キリスト　ただ、そのキリストの十字架も、単なる〝シンボル〟に成り下がっていて、人々はそれを、〝歴史的シンボル〟としてのみ述べようとしていると思います。

まことにもって、残念なことであります。

人々は弱い。人の心は弱い。どうしても、この世の誘惑《ゆうわく》や利益のために、いちばん大切なものを見失い、売り飛ばしてしまう性《さが》を持っている。あなたがたのなかにも、そうしたものは忍《しの》び込《こ》んでいるはずです。

「この世的な勝利のみを求め、この世的な利益のみを求め、この世的な名誉《めいよ》のみを求めてはならないと、十字架のイエスは戒《いまし》めているのだ」ということを忘れてはならないと思います。

「神に最も愛されたる者に、この世において、最も残酷《ざんこく》な死が賜《たまわ》られた」ということを、よく見なければいけない。

すなわち、「神は、本当は、愛する者に、この世的な完成を求めているわけではないのだ」ということを知らねばならないのです。

その生き方を通して、後《のち》の世の人々にまで影響《えいきょう》を与えるような、清らかな魂《たましい》の生涯《しょうがい》を願っておられるのであり、また、「この世的なる悪魔《あくま》との、あるいは、悪魔の使者との交換《こうかん》条件によって、いかなる一片《いっぺん》の魂を売り飛ばすことをも許さないのだ」ということを知っていただきたいと思います。

この世においては、数多くの失敗や挫折《ざせつ》があるでしょう。苦難や困難もあるでしょう。奇跡《きせき》において、病気が治ることもありましょうが、むしろ、治らないことのほうが多いでしょう。

そうしたことに一つひとつ失望し、信仰を失っていくようであっては、その十字架のイエスと対面したときに、足らざるものを感じなければならないと思います。

今、あなたがたも、組織として大きくなり、組織として、生き物として、生きていこうとしているなかに、この世の論理が組み込まれつつあることも、また、事実でありましょう。

ただ、神の独り子をして、哀《あわ》れなる生贄《いけにえ》の子羊以上の者にできなかったことの事実の重みを、深く受け止めねばならないということを申し述べておきたいと思います。

D――尊い御教《みおし》えを賜り、まことにありがとうございます。

今、承《うけたまわ》りましたイエス様の精神を持って、当教団も、本当の真実の信仰、そして、愛を告げ知らせ、反対勢力である唯物論《ゆいぶつろん》勢力を打倒《だとう》してまいりたいと思います。

8 「天なる父」への思い

キリスト教の発明の一つとして知られる「天なる父」

D――　現在、幸福の科学は、世界伝道として、キリスト教圏《けん》、仏教圏、イスラム教圏にも、その教えを広げようとしております。

キリスト教圏では、「天なる父、つまり、イエス様がご生前に『わが父』と呼ばれていた神がエル・カンターレである」ということをお伝えしておりますが、ともすれば、「三位一体説《さんみいったいせつ》」というのがございまして、今、現在、その天なる父とイエス様が一体となり、「主《しゅ》イエス・キリスト」というようなかたちで、人々は信仰《しんこう》しております。

この三位一体説が、どのような背景で出てきたのか、そして、現在、イエス様ご自身が、この「天なる父」のご存在として認識していらっしゃる方はどなたであるのかということを、お聴《き》かせいただけたらと思います。

イエス・キリスト　まあ、三位一体説というのは、（霊的《れいてき》に）目の見えぬ人たちの考えたことですので、霊的世界について分からない人たちは、神も主も、あるいは、主の僕《しもべ》も区別がつかないということであり、「いわゆる高級霊《こうきゅうれい》以上のものは同じに見えてしまっている」ということでしょうね。

また、「天界《てんかい》の秘密」も、そう簡単に明かされるものではありませんので、多くの人たちにとっては、それほど重要なことではないのだと思います。

神学上の問題として、プロの神学者たちが、歴史的にいろいろと議論を重ねてきたものであろうと思うが、その大多数は、霊的な能力を持つこともなく、垣間《かいま》見ることもなく、頭のなかで考えている観念論であるので、あまり多くの信《しん》を置くことはできないと思います。

ただ、言えることは、キリスト教においては、『聖書《せいしょ》』に明らかに書かれているように、私はこの世に遣《つか》わされたる者であって、「私を遣わしたる者が天におられる」ということも明確に述べられていることであり、私は、それを「天なる父」と呼びました。

これが、現在、キリスト教における一つの発明として知られていることです。

天なる神を「わが父」と呼んだ人は、それまでには、いなかったということであるので、その「天なる父」が、キリスト教的世界観のなかにおいて唯一《ゆいいつ》の存在であるならば、「天なる父」とイエスが呼ぶことによって、「イエスが天なる父の右に座《すわ》りたる者である」ということを示していることになりますね。

「羽がある天使」の意味することは「地に堕《お》ちたる者の救済」

イエス・キリスト　そして、キリスト教では、もちろん、私の時代だけではなく、私の時代を遡《さかのぼ》って、『旧約聖書《きゅうやくせいしょ》』の時代から、さまざまな天使たちが活躍《かつやく》していることが述べられておりますので、「天使軍団たちがわれわれを助けてくれているものだ」と、多くの者たちは思っていましたし、歴史的には、それは事実でもあったと言えるでしょう。

ただ、実際の天使の数は、それよりもはるかに多いものであって、人間が認識できる範囲《はんい》を超《こ》えています。

そうした、天使と言われている者たちには後光《ごこう》があり、羽のある姿で描かれていますが、羽は「飛翔《ひしょう》」ということでありますので、それが意味しているものは、「地に堕《お》ちたる者、あるいは地下に堕ちたる者を救い上げ、天に引き上げる」という意味合いを持っております。そういう意味で羽というものが出ているのです。また、後光は、それが「天使の証明」として出ているということですね。

仏教のほうには、羽の付いた天使というのは、あまり数多く出てこないようでありますけれども、あくまでも、（人間に）認識をさせるための象徴《しょうちょう》的な存在であるのではないかと思います。

人々を導くための多くの〝鍵《かぎ》〟を持っている「天なる父」

イエス・キリスト　また、実際に、地球系の霊的な世界において、イエス・キリストの扱《あつか》い、および「天なる父」、そして、「聖霊《せいれい》」、あるいは「御使《みつか》い」たちとの関係がどのようであるかということは、地上の余人《よじん》をもって知るべくもないことではあろうかと思います。

「天なる父」は、人々を導くための数多くの〝鍵《かぎ》〟を、その手にされています。私は、「天なる父」の持つ〝鍵〟の一つです。私の〝鍵〟を使って、天国への扉《とびら》を開く者がおります。

しかし、「天なる父」は、それ以外の〝鍵〟も数多く持っておられますので、それぞれの〝鍵〟を与《あた》えられたる者が、ほかにも数多くいるものだと思います。そうした人たちは、自らの〝鍵〟によって、天国への道を開いておられるのでしょう。

この点、キリスト教会が、「イエスを通すことなくんば、天国に入《い》ること能《あた》わず」と言っているのは、いささか傲慢《ごうまん》に過ぎたるものがあるのではないでしょうか。

また、天使なる者も、キリスト教のみに奉仕《ほうし》しているわけではなくて、「天なる父」が起こされた、さまざまな宗教のなかにおいても、天使的なる役割を果たしている方が数多く存在しているということも、また事実であるので、それを知っておらねばなりません。

イエスにして姿を見ることができなかった「天なる父」とは

イエス・キリスト　さて、「私が『天なる父』と呼んでいた方が誰《だれ》であるか」ということでありますけれども、それは、「私自身も、地上に生きていたときには、明確に認識することができなかった。そのお姿を見ることさえできなかった存在である」ということを述べておきたいと思います。

その「天なる父」の姿を、私は見ることができませんでした。ただ、「天なる父の声」を聴くことはできました。

これに反して、モーセとかエリヤとか、そういう過去の預言者《よげんしゃ》たち、メシアと言われたような人たちの姿を見ることはできました。彼らの霊的なる姿、

「霊姿《れいし》」を見ることはできましたが、「天なる父」の姿は、ついに、生きている間には見ることができませんでした。

イエスにして、「天なる父」の姿を見ることができないのであるならば、地上に生きているあなたがたにとっても、それを正確につかみ取ることは難しいことであろうと思います。

「天なる父」とは「真理」です。真理の別名です。真理が、この地上に生きとし生けるものに働きかけているのです。

「その真理の姿が、どんなものであるのか」ということは、あなたがたは方便《ほうべん》を通してしか理解することができません。

そのための方便は幾《いく》つか用意されるでありましょうけれども、それ以外のものを通して、あなたがたが直覚的に、その天なる父を、見、聴き、理解するのは、おそらく難しいことであろうかと思われます。「イエスにして、その声を聴くことしか許されなかった」ということであります。

霊天上界《れいてんじょうかい》に還《かえ》ってから感じ取る神の姿

イエス・キリスト　では、「霊天上界《れいてんじょうかい》に還《かえ》ってからはどうであるか」と、あなたがたは問うでありましょう。

霊天上界に還ってからの私の役割としては、やはり、そうですね……、まあ、その方は、たくさんの〝腕《うで》〟を持っておられるようには感じられますけれども、そのたくさんの〝腕〟のなかの一本だというふうに感じております。

インドの宗教画のなかには、何本ものたくさんの手がある神の絵が描かれておりますけれども、これは、「神の救いの姿」を表しているものだと思われます。私もまた、霊天上界に還って感じ取る神の姿は、それに近いものです。

この世のいろんな国の、いろんな民族の人たちを救うために、数多くの〝手〟を持っておられるように感じます。私は、「そのなかの一本の〝手〟にしかすぎない」ということを、深く感じ至っている者であります。

その〝手〟は、その〝腕〟は、それが付いているところの本体の姿を見ることができないのです。自分がその一部であると感じることはできますが、その「天なる父」の本当の姿を知ることはできません。

ただ、言えることは、「それは真理であり、真理が、さまざまに姿を変えて、あまねく人々を救おうとしておられる存在だ」ということです。

この世的に、人間的に、あるいは、象徴的に描くことでもっては、どうしても、完全に描き切ることができませんが、あえて言うとするならば、「数多くの〝腕〟を持った神のような存在に近い」ということを言っておきたいと思います。

D――　主エル・カンターレの偉大《いだい》さをお教えくださり、まことにありがとうございます。

信仰《しんこう》者の立場に立ったならば「従順であれ」

D――　今後、イエス様のような、主への信仰《しんこう》と愛の姿勢で、多くのキリスト教者《きょうじゃ》が、主への信仰に目覚めていかれると思います。

また、現在、幸福の科学に集《つど》いました、主エル・カンターレを信ずる者も、イエス様のそのようなお姿を通して、本当の意味での信仰心を深めていく精進《しょうじん》をさせていただきたく存じます。

その意味で、イエス様が、主エル・カンターレ、天なる父を、どのようなお気持ちで、日々、愛していらっしゃったのか、また、現在、どのようなお気持ちでいらっしゃるのかということを、お教えいただけたらと思います。

イエス・キリスト　まず、生前の話からまいりますけれども、「天なる父の心は、とうてい理解できるものではなかった」ということです。
私も、そのなかの〝持ち駒《ごま》〟の一つであることは分かっておりましたが、

「いったい、いかなるところまでの役割を任されているのか」ということについては、十分に認識することができませんでした。

やはり、神の言葉は、あまりにも深く、あまりにも理解を絶したものが多く、この世的に、合理的に考えるならば、理不尽《りふじん》にも見えることのほうが大きかったように思われます。

そして、なぜ、そうであるのかを質問することは、許されることではありませんでした。

ここにおいて、キリスト教の「従順《じゅうじゅん》の美徳」が生まれてくるわけですが、従順を命ずるのは、決して〝軍隊的な組織〟をつくりたいからではなくて、それが、「説明を超えたもの」であるからです。「理解を超えたもの」であるからです。

地上に生きていることにおいては、いかなる魂《たましい》であっても肉体にとらわれており、「神の真意を理解することは困難である」ということからは避《さ》けられないんです。いくら説明し尽《つ》くしても、説明することはできないということです。

どんなささやかなことにおいても、肉を持つ人間は疑いを抱《いだ》きます。ですから、彼らを完全に理解させ、信じさせ、説得することは、不可能に近いことだと思います。

ただ、言えることは、「従順であれ」ということですね。「信仰者の立場に立ったならば、従順でありなさい」ということです。

いったい、いかなる目的で、それを言われているのかということは、本当に、二千年の歳月《さいげつ》を過ぎなければ分からないことだってあります。

もし、それが、数十年や百年で、説明でき、証明されるようなものであるならば、本当にありがたいことであるのだと知らねばならないし、生きているうちに、その意味が分かるならば、それはそれは、ごくごくありがたい、本当にありがたいありがたい、明らかなる使命であると言わざるをえません。

しかしながら、生きている間に、神の命ぜられることの意味が完全に分かるということは、「自分に命じられていることの使命が小さいものであり、あるいは、他の者にも容易に分かるようなものであるかもしれない」という面もあることは知らねばならないでしょう。

だから、「それが理解し切れるか、理解し切れないか」ということでもって、善悪、真偽《しんぎ》を測りすぎるのは、考えものであると思うのです。

常に、霊的なるものの立場に立って物事を考えるのは、とてもとても難しいことであるので、霊的なものの立場に立って物事を考えるためにも、この世的な価値観に頼《たよ》りすぎることを、常に課題として出される傾向《けいこう》があるということだけは、言っておかねばなりません。

また、仏教において、禅問答《ぜんもんどう》などで示されていることも、おそらく、そういうことであろうと思います。

神の出される逆説、パラドックスのなかに、この世的に生きやすい心、物質世界において成功せんとする心を超えた何かを教えんとしているものがあることを、知らねばならないと思います。

D――　ありがとうございます。

求めるべきは「この世ならざるもの」

D――　イエス様は、主への信仰と愛に目覚める過程で、そうした敬虔《けいけん》な信仰、従順な姿勢を体得していかれたと思いますが、そこにおきましては、どのようなご心境、あるいは、きっかけ、ご精進で目覚めていかれたのか、お聴かせいただけたらと思います。

イエス・キリスト　求めないことです。

ある意味で、求めないこと。

「この世」において求めないことです。

「この世」において求めないこと。
求めるべくは、「神の真理」「久遠《くおん》の愛」「この世ならざるもの」のみです。
この世的なるものを求めても、
終極点は、とうてい届くものではありませんので、
求めるべきものは、「この世ならざるもの」です。

この世においては、「すべては虚《むな》しい」ということを知ること。
「すべてが虚しい」ということの象徴が
十字架《じゅうじか》であると知らねばならないということ。
また、真理の側に立ちし者も、
この世においては、罪を犯《おか》したる者と同じく扱われるという、

そうした理不尽さにも耐《た》えねばならないということ。
そして、神のごとく生きるということは、
この世においては人間的ではない生き方をすることであり、
多くの人々に誤解され、理解されることもなく、
嘲笑《ちょうしょう》されて生きるということ。
あなたがたの言った幸福論が、
この世的な人々に理解できる範囲のものであるとするならば、
そうした幸福論の範疇《はんちゅう》では、
神のお心を忖度《そんたく》することはできないということ。
こういうことを知らねばならないと思います。

天上界に還って二千年がたちますが、
いまだに、神の本当のお心の全貌《ぜんぼう》をつかんでいるとは言えません。
いつまでも、いつまでも、
その〝御手《みて》の一本〟として働き続けている自分であることを
痛感している日々であります。

D――　たいへん尊いお言葉、本当に魂に沁《し》み入ります。

9 「現代社会の発展」と「宗教」をどう見るか

幸福の科学が信じる神は「すべて」を含《ふく》んでいる

D――　現在、幸福の科学では、「この世とあの世を貫《つらぬ》く幸福」という教えが説かれ、現実世界においても幸福になり、成功していく生き方を探究しております。

そこで、この世における経済的成功や発展の部分と、イエス様が説かれる愛との関係について、また、現代社会において、現実的なユートピア世界をどのようなかたちで築いていくかというところのお考えを、お聴《き》かせいただけたらと思います。

イエス・キリスト　それはおそらく、あなたがたの信じる神は、「すべて」だからでしょう。すべてを含《ふく》んでおられるからだろうと思います。

私は、そのすべてを体現することはできず、そのすべてを仕事とすることもできませんでした。

私の仕事は、「魂《たましい》の教師」として、霊的《れいてき》なる人生観を説くことに費《つい》やされました。

しかし、あなたがたの神は、先ほども申しましたように、おそらく、この地上における「正義の実現」や「繁栄《はんえい》の実現」、「政治的、軍事的な成功」や、あるいは、「豊かさ」をも包含《ほうがん》されているのだろうと思います。

そういう意味において、多様な「神の顔」が、そこにあるでしょう。

インドの例を使いて恐縮《きょうしゅく》ではありますけれども、インドの仏像のなかにも、仏の頭にたくさんの顔が彫《ほ》られたものがあります。そうした顔の一つひとつが、違《ちが》った方向を見つめているのだと思うのです。

それは、さまざまなかたちを通し、さまざまな方便《ほうべん》を通して、人々を導こうとしている神の姿を表現しているのでしょう。

先ほど、「何本ものたくさんの〝手〟があるように見える」と申し上げましたけれども、言葉を換《か》えれば、「神の顔は一つではない」ということです。

また、「神の顔は、ヤヌスのごとく、正反対の顔を持っているだけでもない。『愛する、優《やさ》しい神』と『厳しい、怒《いか》れる神』の二つの顔しかない神でもない。神の顔には、複数の、いろんな方面に向いた顔があるのだ」ということを知らねばならないと思います。

ですから、あなたが言っておられる「地上的ユートピアの実現」については、さまざまな問題があろうと思いますが、あなたがたの信ずる神は、そうしたものを包含しておられる神です。

ただ、私のように、一本の〝腕《うで》〟にしかすぎない者にとっては、そのすべてを実現することは無理です。

私は、あくまでも、「愚直《ぐちょく》に、自らの信ずるところの、純粋《じゅんすい》なる信仰《しんこう》において、霊的人生観を獲得《かくとく》する」ということのみに、その生涯《しょうがい》を捧《ささ》げた者でありま す。

ただ、キリスト教の名の下《もと》に発展した宗教のなかには、他のさまざまな神の側面を表現したる教えも紛《まぎ》れ込《こ》み、同時に発展してきていることも事実であろうかと思います。

「この世とあの世を貫《つらぬ》く幸福」の真の目的を忘れてはいけない

B――　一つ、お聴かせいただきたいことがございます。

イエス様も、「自分は御手《みて》の一つだ」とおっしゃるほどご尊敬されていて、地球人類の歴史のなかでは、その全貌《ぜんぼう》がなかなか見えなかった主エル・カンターレが、今、この日本にご降臨くださり、さらには、幸福の科学を立ち上げ、地球神《ちきゅうしん》としてお仕事をされています。

その弟子《でし》である私たちの未熟さにより、その主がおわす日本には、唯物的悪《ゆいぶつてきあく》想念《そうねん》が漂《ただよ》い、まだ、この日本における真理の光を広めることができずにおります。

幸福の科学を初期からご指導くださっているイエス様から見て、偉大《いだい》なる父、主が降りられた、今のこの日本における、私たち弟子の未熟さからくる、国難の一つも突破《とっぱ》できない状況《じょうきょう》を、どのように思っておられるのか、お聴かせいただきたく存じます。

イエス・キリスト　うーん。それは大変なことでしょうね。

少なくとも、私にはできなかった使命ですから。私には果たすことができず、私の弟子たちも果たすことができなかった仕事です。それを、あなたがたは果たそうとなされている。難しいことは当然です。

それを果たせるのであるならば、あなたがたの宗教は、キリスト教を超《こ》えるものになるはずです。

また、先ほど、「この世とあの世を貫《つらぬ》く幸福」という言葉を聴かせていただきましたが、勘違《かんちが》いしてはならないと思われることは、私の理解における〝宗教〟であり〝神の概念《がいねん》〟ではありますけれども、「本当の意味における神の命令とは、霊的な自己実現以外の何ものでもない」ということです。

それをあえて、「この世とあの世を貫く幸福」というふうに表現されているとするならば、そのなかには、先ほど言った、「正義や繁栄の実現」という意味を含んだ、神の仕事が入っているとも取ることができますが、もう一方の考え方としては、「あなたがたを十字架《じゅうじか》に架けないための、あなたがたの神なる存在の慈悲《じひ》である」とも考えられるのです。

そこにはまた、「あなたがたが、この世において不幸な人生を送らないようにするための方便《ほうべん》も含まれている」ということを知らねばならないでしょう。

したがって、その「この世とあの世を貫く幸福」というものについて、方便のほうを大きく捉《とら》え、真の目的のほうを小さく捉える方向に持っていってはならないと考えます。それは、あくまでも、「この世的な人にも導きの門を開く」という意味ではないかと、私は思います。

キリスト教でさえ三百年以上かかっている「信仰《しんこう》の確立」

イエス・キリスト　私のように、十字架に架かりて、罪人《ざいにん》と同じく死せる者を、真実なる信仰《しんこう》として人々が信ずるようになるまでに、三百年あるいは四百年という歳月《さいげつ》がかかっていることを知らねばなりません。

その三百年、四百年という歳月のなかで、この世的に人々を守ることができるような才覚を持った人たちも出て、キリスト教信仰を守り、打ち立てることができたのだと思います。

また、初期のころの、私が在世中のキリスト教においては、ちょうど、後世《こうせい》に「隠《かく》れキリシタン」というものがありましたように、さまざまなものから逃《に》げ隠れしながら、少数の者たちが真理を話し合い、伝え合っているような状況であったということも知らねばなりません。

そういうことをすることなく、正々堂々《せいせいどうどう》の陣《じん》で、正面から信仰を唱《とな》えて、対《たい》抗《こう》する勢力を撃破《げきは》しようとしているならば、それは、かなり力強い神であり、あなたがたは、この世的なる力をも与《あた》えられていることを意味しています。

この世的にも成功できるかどうか、それは知りませんけれども、たとえ、その成功が十割に届こうとも、七割に届こうとも、五割、一割、あるいは、ゼロパーセントに終わろうとも、どのような結果になろうとも、真なる意図は一つであることを見失ってはならないと、私は思います。

C――　ありがとうございます。

この地上の役割の一つは〝神の実験場〟

C――　キリスト教におきましては、カルバン以降、「宗教的な幸福」と「この世の繁栄」というものが融合《ゆうごう》される方向に動いてきていると思いますが、そうしたものは、「天なる父」のご意図《いと》によって動いていると考えてよろしいのでしょうか。

イエス・キリスト　うーん……。まあ、少なくとも、私自身の力では、そのようにはならなかったことは間違いないと思います。

私は、あくまでも、個人としての〝ラッパ吹《ふ》き〟であったというふうに考えております。擬人《ぎじん》的に言うなら、神の国の到来《とうらい》を告げる〝一本のラッパ〟にしかすぎず、〝ラッパを携《たずさ》えて吹き続けたる者〟にしかすぎなかったと思います。ですから、〝ラッパ吹き〟には、それ以上の仕事はできませんでした。

ただ、時代を下るにつれて、人間社会も高度化し、発展してきましたから、やはり、その時代相応の人が、この世的な能力をも備えて、また、仲間の力をも得て、「この世の生活のなかに、キリスト教の信仰を取り込んでいく」というスタイルを考えついたことは、別に、珍《めずら》しいことでも何でもなく、ありうべきことであろうと思います。

そのことによって、ある意味で、世俗的《せぞく》なる人間をピューリファイ（purify 浄化《じょうか》）することもできたでありましょうが、同時に、ある意味で、純粋な信仰が世俗化した面も、おそらくはあるでしょう。

それが、どちらがどれだけ勝ったかということについては、人々の判断に委《ゆだ》ねるしかないと思いますけれども、あらゆるかたちが、〝神の実験場〟としての、この地上の役割の一つであったことは間違いない。

政治都市として、宗教都市として、「一つの都市国家が、丸ごと、宗教に帰《き》依《え》する」ということが、どういうことを意味するのかを実験されたということでしょうが、それは、それより以前に、イスラム圏《けん》においても、すでに起きていたことであったと思います。

〝ラッパ吹き〟としてのイエスの教えに足らざるものを補おうとする力が働いたということでしょう。

イスラム教が、キリスト教より約六百年近く後《おく》れて起きたにもかかわらず、また、キリスト教を先輩《せんぱい》宗教として尊敬していたにもかかわらず、袂《たもと》を分かちて、別な宗教として発展しえたのは、そうした、国や政治、軍事をも包摂《ほうせつ》する教えを含んでいたからであり、そうしたものを担《にな》える人材を有していたからであろうと思います。

その面で、地上においては、この世的に敗れたるキリスト教よりも、自分たちのほうが優《すぐ》れていると考えた面があったのではないでしょうか。

ただ、そのイスラム教においても、「この世的な制度」を整備することによって、宗教がこの世的な存在に成り下がった面もあります。

ですから、本来、人間の慣習・風習にしかすぎないものが、宗教的にとても重要な核《かく》の存在のように思われて、それに反することをすれば、神の掟《おきて》に反したがごとく考える一方、肝心《かんじん》な「心の教え」、「魂の教え」のところはなおざりにされた面があることは否《いな》めません。

まあ、このへんについては、「永遠の課題」を含んだ発展が用意されていると考えてよいでしょう。

消滅《しょうめつ》する流れにあったキリスト教を救う改革運動が起こった

C――先日、アメリカの大統領候補の方の守護霊《しゅごれい》インタビューを行わせていただいたのですが、そのなかで、キリスト教が、本当に形骸化《けいがいか》していることが実感されました（『ネクスト・プレジデントⅡ』〔幸福実現党刊〕参照）。
「経済的繁栄が、アメリカのクリスチャンの本質だ」などと言っていたり、あるいは、モルモン教の二代目の方の霊言《れいげん》を行った際には、「イエスの再臨だ」などということを言っていたりしたのですが（『モルモン教霊査《れいさ》Ⅱ』〔幸福の科学出版刊〕参照）、そのように形骸化してきたキリスト教を奉《ほう》じるクリスチャンに対し、今、イエス様からメッセージを送るとしたら、どのようなものになりますでしょうか。

イエス・キリスト　うーん……。気持ちは分かりますよ。
「何事も成《な》し遂《と》げることなく、神の御使《みつか》いとして教えを説いて、そして、この世で暗殺されて死んでいった者をイエスになぞらえる」ということは、宗教的な人間として、そのように思いたくなるのも分かる気持ちがいたします。

また、原始キリスト教においては、「経済的繁栄」と「神の教え」とが必ずしも結びついていないところがありますが、近代以降も、その教えを従順に守っていたならば、キリスト教が衰退《すいたい》し消滅《しょうめつ》していく流れに入っていたであろうことを、いち早く見破った慧眼《けいがん》の人たちがいたことは事実であろうと思います。

現実に、先ほど言ったイスラム教においては、そうした「金融・経済の原理」も取り込まれておりますし、また、ほかにもそうした宗教はあるでしょう。

日本の宗教においても、経済的繁栄は、かなり昔から、その教えのなかに内《ない》蔵《ぞう》されています。

インドの宗教においても、経済的繁栄や、この世的な繁栄を内包したヒンズー教が発展することにおいて、実際に、国そのものも発展いたしました。ただ、釈迦《しゃか》が説いた仏教の、霊的な側面を持ったお教えそのものは、少数化し衰退していったことが言えますし、この世的に強くなかったために、十三世紀にはイスラム教に滅《ほろ》ぼされたという事実もあったと思います。

ですから、キリスト教の変容のなかには、「消滅すべき運命にあったキリスト教を救うための改革運動が何度か重《かさ》なった」ということも事実でありましょうし、「アメリカをキリスト教的発展の地に変えたい」という思いが、一つ、働いていることも事実ではあろうと思います。

モルモン教に対するイエスの見解

イエス・キリスト　ただ、その歴史が、まだ、建国二百年余り、入植三百年余りということであるならば、いかにも浅く、神の国としての証明を得るためには、千年の繁栄は必要でしょうから、それを急いだる者が「キリストの教えが、太古のアメリカにも入っていた」というような新説を唱え、新宗教（モルモン教）として考えることは、〝発明〟としては十分にありえることでしょう。ただ、そのなかに、自己流の「ご都合主義《つごう》」が入っていることも否《いな》めないと思います。

時あたかも、アメリカの西部開拓《かいたく》とゴールドラッシュの時期でありましょうから、限りない発展と繁栄を目指していた時期に、そういう宗教が出てきたということで、これが、キリスト教の繁栄の延長上にあるものなのか、異端《いたん》のものであるのかを見分けるのは、とても難しいことであったと思います。

ただ、現在においても、福音書《ふくいんしょ》を重視する者たちの考えによれば、明らかに異端として迫害《はくがい》されているものであるし、まだ、世界中のキリスト教者たちの多くが受け入れているものでないことは事実でしょう。

結局、彼らの目指しているものが「この世的な繁栄」のほうにだけ向かっているならば、本来の私の教えである「霊的な覚醒《かくせい》」のところにはつながっていないということだと思います。

ただ、そうした教えであっても、また、次なる救いの縁《よすが》としてありえるのではないかとは考えております。

まあ、そのモルモン教なるものも、『聖書《せいしょ》』に依拠《いきょ》しているというところにおいては、キリスト教の教えを部分的に引き取っている面があるので、救いの一部としては、「その教えを受けたる者がすべて、創立者と同じような運命をたどるとは、必ずしも限らない面がある」ということは言えると思います。

C―― ありがとうございます。

10 「純粋《じゅんすい》な信仰《しんこう》」を持ち続けよ

地位や名誉《めいよ》が増大しようとも「初心忘るべからず」

A―― それでは最後の質問をさせていただきます。

先ほど、イエス様は、「この世において求めないこと」と「求めるべきは『神の真理』『久遠《くおん》の愛』『この世ならざるもの』」というようにおっしゃいました。そうしたものを、この地上において、いかにして求めていくべきであるのか、現代、そして、未来に生きる者たちへのアドバイスとして、最後にお教えいただければと思います。よろしくお願い申し上げます。

イエス・キリスト　まあ、幸福の科学の教えも、最初は純粋《じゅんすい》なものであっても、組織として大きくなり、多くの人たちが集まってくると、それは生活の場となり、自己実現の手段ともなっていくことになりましょう。

そういう面において、教えを純粋に信仰《しんこう》するのではなく、手段として利用する輩《やから》が、数多く出てくるようになるでしょう。教団は、その踏《ふ》み台となり、また、踏み台となったことを自慢《じまん》に思うような時代も来るかもしれません。

例えば、「政党」というものもつくっております。いずれ、当選し、大臣になり、首相になるような方も出てくるかもしれません。

そうしたときに、一介《いっかい》の政治家として自己実現を図《はか》っているうちには純粋な信仰を持っていた者であっても、この世的な地位や名誉《めいよ》が出てくると、信仰を隠《かく》したり曲げたり矮小化《わいしょう》したりするようになってくるものであります。

だから、どうか、その地位や名誉が、いかに増大しようとも、また、金銭《きんせん》的なるものがいかに増大しようとも、「初心忘るべからず」で、純粋なる心を、決して捨てることのないようにしなければなりません。

幸福の科学大学は「この世的競争」に依存《いそん》してはいけない

イエス・キリスト　また、大学などをつくって、多くの人々を受け入れ、教育し、卒業生を輩出《はいしゅつ》することによっても、この世的な力、影響力《えいきょうりょく》は生まれてくると思うけれども、やはり、そのなかには、「この世的な論理」が半分以上は入ってくるでありましょう。

そうしたなかにおいて、どうか、「この世的のみなる競争」に依存《いそん》することなく、本来の純粋な心を忘れないように続けることが大事だと思います。

私や仏陀《ぶっだ》は、現代的な組織運営についての法を説いておりませんから、旧《ふる》いものを学んだだけでは、それはできません。そのため、教えに、現代的な会社運営のやり方をくっつけるのみでやっていこうとする傾向《けいこう》は強いと思いますけれども、たとえ、この世的にどのようなかたちで組織運営がなされていようとも、「動機は善であるか」「その過程は善であるか」「結果において、人を惑《まど》わしたり、自らを堕落《だらく》させるものではないか」という点は、常に検討し、検証し直さなければならないことであると知りなさい。

だから、大学において大《だい》を成《な》すことがあっても、また、影響力が増すことがあったとしても、「この世的な成果のみで測られる大学であってはならない」

ということを忘れてはならないと思います。

組織が巨大化《きょだい》することによって、個人が埋没《まいぼつ》し、純粋な信仰が埋没することがあります。

どうか、この世的な誘惑《ゆうわく》に抗《こう》し、「純粋な信仰というものは、やはり、各人が持ち続けねばならないものだ」ということを忘れないようにしなさい。

〝敗れる〟ことをもって勝利することもある

イエス・キリスト　また、時折、頭をもたげてくる「焦《あせ》り」の気持ち、そして、その焦りが成就《じょうじゅ》しないことによる「疑い」の気持ちと、勇ましく戦いなさい。

この世的には敗れることもあろうけれども、
「この世的に敗れることをもって、信仰を失ってはならない」ということを、
どうか、肝《きも》に銘《めい》じていただきたい。

この世的に敗れることがあろうとも、
あなたがたが人々の魂《たましい》を啓発《けいはつ》することに
幾分《いくぶん》か成功することがあるならば、
あなたがたは着実に前進しているのだと知りなさい。
「〝敗れる〟ことをもって勝利することもあるのだ」ということを
知らねばならない。

例えば、政治の世界であれば、

人々をこの世的に増長させる方向、
あるいは、人々の歓心《かんしん》を買う方向で導いたならば、
勝利は堅《かた》いものとなるかもしれない。
しかしながら、それが、真に正しい方向でないならば、
やはり、その反対のことを言ってあげることが、
人々の魂の糧《かて》になることである。
その結果、敗れることになったとしても、
そうして敗れたことは、決して、あなたがたが、
本当の意味において敗れたことにはならないのです。

私が、神の一介《いっかい》の〝ラッパ手《しゅ》〟であるように、

政治を伝える者も、一介の〝ラッパ手〟として、
ラッパを吹《ふ》き続けることのなかの意味を知らねばならないと思います。
また、教団においても、
事業が多角化し、難しくなることにより、
社会的地位の増大や、また、富の増大、
権力の増大、名誉の増大というものがあるであろうけれども、
そのなかで埋没することなく、
信仰者《じゃ》としての態度を忘れぬことが大事です。
自我を増殖《ぞうしょく》させることなく、
真実を貫《つらぬ》く覚悟《かくご》を持たねばならないと思います。

Ａ――　ありがとうございます。

「純粋な信仰」を忘れずに、教団が大きくなろうとも、今回頂いた、さまざまなお言葉を肝に銘じ、信者一同頑張《がんば》ってまいりたいと思います。

本日は、さまざまな貴重なご教示《きょうじ》を賜《たまわ》りまして、本当にありがとうございました。

イエス・キリスト　どうもありがとうございました。

11 「キリストの幸福論」の収録を終えて

大川隆法　ある意味で、オールマイティーな方ではないと思います。したがって、教団のありとあらゆる相談に応じたりアドバイスしたりできる立場にはないでしょう。

ただ、絶対に忘れてはいけない、メインストリームの一つを握《にぎ》っている方であることだけは、間違《まちが》いがありません。そのあたりのところを、どうか、忘れないようにしなければいけないでしょうね。

ですから、ある意味で、「私たち、幸福の科学の弟子《でし》たちが、キリスト教徒のように、三百年も、ローマの競技場でライオンに食べられ続けるようなことが可能かどうか」ということを問題提起してみたら、なかなか難しいであろうとは思います。やはり、退転《たいてん》する人の数のほうが多いのではないでしょうか。

その意味で、信仰《しんこう》においては、まだまだ、それほど堅固《けんご》なものではなく、城《しろ》が砂の上に立っているような面が多いということは知らねばなりませんね。

特に、政党などには、その傾向《けいこう》が強く出てくるだろうと思います。

ライオンに食べられるほどではないけれども、「どこまで、この世的な嘲笑《ちょうしょう》に耐《た》えられるか」というようなところを、試《ため》されるところはあるでしょうね。

ただ、人は、短期間に効果を出そうとする者を負かすことはできても、期間を区切らずに努力を続けていく者に対しては、やはり無力《むりょく》だと思います。そういう批判勢力はやがて無力化していくでしょうし、そちらがなくなっていくことのほうが多いでしょう。

したがって、時々刻々《じじこくこく》に過ぎていくつまらないことで、足をすくわれないように、確固たる信念を持つことが大事だろうと思うし、一時的な人気にあやかるようなことがないように、肝《きも》に銘《めい》じて、真実を貫《つらぬ》くことが大事だと思いますね。

では、そういうことにしておきましょうか。ありがとうございました。

A――　まことにありがとうございました。

『キリストの幸福論』大川隆法著作関連書籍

『太陽の法』(幸福の科学出版刊)
『黄金の法』(同右)
『2012年人類に終末は来るのか?』(同右)
『トルストイ――人生に贈る言葉』(同右)
『イエス・キリストに聞く「同性婚問題」』(同右)
『モルモン教霊査Ⅱ』(同右)
『ネクスト・プレジデントⅡ』(幸福実現党刊)

キリストの幸福論《こうふくろん》

2014年 8 月21日　初版第 1 刷

著　者　　大《おお》 川《かわ》 隆《りゅう》 法《ほう》

発行所　　幸福の科学出版株式会社

〒107-0052 東京都港区赤坂 2 丁目 10 番 14 号
TEL(03)5573-7700
http://www.irhpress.co.jp/

印刷・製本　株式会社 堀内印刷所

落丁・乱丁本はおとりかえいたします

ISBN978-4-86395-519-6 C0030
写真：Corbis

大川隆法シリーズ・**最新刊**

文部科学大臣・下村博文 守護霊インタビュー②

大学設置・学校法人審議会の是非を問う

「学問の自由」に基づく新大学の新設を、"密室政治"によって止めることは許されるのか? 文科大臣の守護霊に、あらためてその真意を問いただす。

1,400円

幸福学概論

個人の幸福から企業・組織の幸福、そして国家と世界の幸福まで、1600冊を超える著書で説かれた縦横無尽な「幸福論」のエッセンスがこの一冊に!

1,500円

ザ・ヒーリングパワー

病気はこうして治る

ガン、心臓病、精神疾患、アトピー……。スピリチュアルな視点から「心と病気」のメカニズムを解明。この一冊があなたの病気に奇跡を起こす!

1,500円

※表示価格は本体価格(税別)です。

大川隆法ベストセラーズ・幸福な人生を拓く

幸福の法
人間を幸福にする四つの原理

真っ向から、幸福の科学入門を目指した基本法。愛・知・反省・発展の「幸福の原理」について、初心者にも分かりやすく説かれる。

1,800円

心を癒す
ストレス・フリーの幸福論

人間関係、病気、お金、老後の不安……。ストレスを解消し、幸福な人生を生きるための「心のスキル」が語られた一書。

1,500円

幸福へのヒント
光り輝く家庭をつくるには

家庭の幸福にかかわる具体的なテーマについて、人生の指針を明快に示した、珠玉の質疑応答集。著者、自選、自薦、自信の一書。

1,500円

大川隆法 ベストセラーズ・「幸福の科学大学」が目指すもの

新しき大学の理念

「幸福の科学大学」がめざす
ニュー・フロンティア

2015 年、開学予定の「幸福の科学大学」。日本の大学教育に新風を吹き込む「新時代の教育理念」とは? 創立者・大川隆法が、そのビジョンを語る。

1,400 円

「経営成功学」とは何か

百戦百勝の新しい経営学

経営者を育てない日本の経営学!? アメリカをダメにした MBA──!? 幸福の科学大学の「経営成功学」に託された経営哲学のニュー・フロンティアとは。

1,500 円

「人間幸福学」とは何か

人類の幸福を探究する新学問

「人間の幸福」という観点から、あらゆる学問を再検証し、再構築する──。数千年の未来に向けて開かれていく学問の源流がここにある。

1,500 円

「未来産業学」とは何か

未来文明の源流を創造する

新しい産業への挑戦──「ありえない」を、「ありうる」に変える! 未来文明の源流となる分野を研究し、人類の進化とユートピア建設を目指す。

1,500 円

※表示価格は本体価格(税別)です。

大川隆法 ベストセラーズ・「幸福の科学大学」が目指すもの

宗教学から観た「幸福の科学」学・入門

立宗 27 年目の未来型宗教を分析する

幸福の科学とは、どんな宗教なのか。教義や活動の特徴とは？ 他の宗教との違いとは？ 総裁自らが、宗教学の見地から「幸福の科学」を分析する。

1,500 円

仏教学から観た「幸福の科学」分析

東大名誉教授・中村元と仏教学者・渡辺照宏のパースペクティブ（視覚）から

仏教は「無霊魂説」ではない！ 仏教学の権威 中村元氏の死後 14 年目の衝撃の真実と、渡辺照宏氏の天上界からのメッセージを収録。

1,500 円

幸福の科学の基本教義とは何か

真理と信仰をめぐる幸福論

進化し続ける幸福の科学 ── 本当の幸福とは何か。永遠の真理とは？ 信仰とは何なのか？ 総裁自らが説き明かす未来型宗教を知るためのヒント。

1,500 円

比較宗教学から観た「幸福の科学」学・入門

性のタブーと結婚・出家制度

同性婚、代理出産、クローンなど、人類の新しい課題への答えとは？ 未来志向の「正しさ」を求めて、比較宗教学の視点から、仏陀の真意を検証する。

1,500 円

大川隆法ベストセラーズ・忍耐の時代を切り拓く

忍耐の法

「常識」を逆転させるために

人生のあらゆる苦難を乗り越え、夢や志を実現させる方法が、この一冊に──。混迷の現代を生きるすべての人に贈る待望の「法シリーズ」第20作！

2,000円

「正しき心の探究」の大切さ

靖国参拝批判、中・韓・米の歴史認識……。「真実の歴史観」と「神の正義」とは何かを示し、日本に立ちはだかる問題を解決する、2014年新春提言。

1,500円

自由の革命

日本の国家戦略と世界情勢のゆくえ

「集団的自衛権」は是か非か！？ 混迷する国際社会と予断を許さないアジア情勢。今、日本がとるべき国家戦略を緊急提言！

1,500円

幸福の科学出版

Noblesse《ノーブレス》 Oblige《オブリージ》 「高貴なる義務」を果たす、「真のエリート」を目指せ。

幸福の科学学園
中学校・高等学校（那須本校）

Happy Science Academy Junior and Senior High School

私は、
教育が人間を創ると
信じている一人である。
若い人たちに、
夢とロマンと、精進、
勇気の大切さを伝えたい。
この国を、全世界を、
ユートピアに変えていく力を
出してもらいたいのだ。
（幸福の科学学園 創立記念碑より）

幸福の科学学園 創立者
大川隆法

幸福の科学学園（那須本校）は、幸福の科学の教育理念のもとにつくられた、男女共学、全寮制の中学校・高等学校です。自由闊達な校風のもと、「高度な知性」と「徳育」を融合させ、社会に貢献するリーダーの養成を目指しており、2014年4月には開校四周年を迎えました。

Noblesse《ノーブレス》 Oblige《オブリージ》

「高貴なる義務」を果たす、
「真のエリート」を目指せ。

2013年 春 開校

幸福の科学学園 関西中学校・高等学校

Happy Science Academy
Kansai Junior and Senior High School

私は日本に
真のエリート校を創り、
世界の模範としたい
という気概に満ちている。
『幸福の科学学園』は、
私の『希望』であり、
『宝』でもある。
世界を変えていく、
多才かつ多彩な人材が、
今後、数限りなく
輩出されていくことだろう。
（幸福の科学学園関西校 創立記念碑より）

幸福の科学学園 創立者
大川隆法

滋賀県大津市、美しい琵琶湖の西岸に建つ幸福の科学学園（関西校）は、男女共学、通学も入寮も可能な中学校・高等学校です。発展・繁栄を校風とし、宗教教育や企業家教育を通して、学力と企業家精神、徳力を備えた、未来の世界に責任を持つ「世界のリーダー」を輩出することを目指しています。

幸福の科学学園・教育の特色

「徳ある英才」の創造

教科「宗教」で真理を学び、行事や部活動、寮を含めた学校生活全体で実修して、ノーブレス・オブリージ(高貴なる義務)を果たす「徳ある英才」を育てていきます。

体育祭

天分を伸ばす「創造性教育」

教科「探究創造」で、偉人学習に力を入れると共に、日本文化や国際コミュニケーションなどの教養教育を施すことで、各自が自分の使命・理想像を発見できるよう導きます。さらに高大連携教育で、知識のみならず、知識の応用能力も磨き、企業家精神も養成します。芸術面にも力を入れます。

探究創造科発表会

一人ひとりの進度に合わせた「きめ細やかな進学指導」

熱意溢れる上質の授業をベースに、一人ひとりの強みと弱みを分析して対策を立てます。強みを伸ばす「特別講習」や、弱点を分かるところまでさかのぼって克服する「補講」や「個別指導」で、第一志望に合格する進学指導を実現します。

授業の様子

自立心と友情を育てる「寮制」

寮は、真なる自立を促し、信じ合える仲間をつくる場です。親元を離れ、団体生活を送ることで、縦・横の関係を学び、力強い自立心と友情、社会性を養います。

毎朝夕のお祈りの時間

幸福の科学学園の進学指導

1 英数先行型授業

受験に大切な英語と数学を特に重視。「わかる」（解法理解）まで教え、「できる」（解法応用）、「点がとれる」（スピード訓練）まで繰り返し演習しながら、高校三年間の内容を高校二年までにマスター。高校二年からの文理別科目も余裕で仕上げられる効率的学習設計です。

2 習熟度別授業

英語・数学は、中学一年から習熟度別クラス編成による授業を実施。生徒のレベルに応じてきめ細やかに指導します。各教科ごとに作成された学習計画と、合格までのロードマップに基づいて、大学受験に向けた学力強化を図ります。

3 基礎力強化の補講と個別指導

基礎レベルの強化が必要な生徒には、放課後や夕食後の時間に、英数中心の補講を実施。特に数学においては、授業の中で行われる確認テストで合格に満たない場合は、できるまで徹底した補講を行います。さらに、カフェテリアなどでの質疑対応の形で個別指導も行います。

4 特別講習

夏期・冬期の休業中には、中学一年から高校二年まで、特別講習を実施。中学生は国・数・英の三教科を中心に、高校一年からは五教科でそれぞれ実力別に分けた講座を開講し、実力養成を図ります。高校二年からは、春期講習会も実施し、大学受験に向けて、より強化します。

5 幸福の科学大学（仮称・設置認可申請中）への進学

二〇一五年四月開学予定の幸福の科学大学への進学を目指す生徒を対象に、推薦制度を設ける予定です。留学用英語や専門基礎の先取りなど、社会で役立つ学問の基礎を指導します。

授業の様子

詳しい内容、パンフレット、募集要項のお申し込みは下記まで。

幸福の科学学園 関西中学校・高等学校

〒520-0248
滋賀県大津市仰木の里東2-16-1
TEL.077-573-7774
FAX.077-573-7775
[公式サイト]
www.kansai.happy-science.ac.jp
[お問い合わせ]
info-kansai@happy-science.ac.jp

幸福の科学学園 中学校・高等学校

〒329-3434
栃木県那須郡那須町梁瀬 487-1
TEL.0287-75-7777
FAX.0287-75-7779
[公式サイト]
www.happy-science.ac.jp
[お問い合わせ]
info-js@happy-science.ac.jp

仏法真理塾

サクセスNo.1

未来の菩薩を育て、仏国土ユートピアを目指す！

仏法真理塾「サクセスNo.1」とは

宗教法人幸福の科学による信仰教育の機関です。信仰教育・徳育にウエイトを置きつつ、将来、社会人として活躍するための学力養成にも力を注いでいます。

サクセスNo.1 東京本校（戸越精舎内）

「サクセスNo.1」のねらいには、「仏法真理と子どもの教育面での成長とを一体化させる」ということが根本にあるのです。

大川隆法総裁　御法話『サクセスNo.1』の精神」より

仏法真理塾「サクセスNo.1」の教育について

信仰教育が育む健全な心

御法話拝聴や祈願、経典の学習会などを通して、仏の子としての「正しい心」を学びます。

学業修行で学力を伸ばす

忍耐力や集中力、克己心を磨き、努力によって道を拓く喜びを体得します。

法友との交流で友情を築く

塾生同士の交流も活発です。お互いに信仰の価値観を共有するなかで、深い友情が育まれます。

●サクセスNo.1は全国に、本校・拠点・支部校を展開しています。

東京本校 TEL.03-5750-0747　FAX.03-5750-0737	宇都宮本校 TEL.028-611-4780　FAX.028-611-4781
名古屋本校 TEL.052-930-6389　FAX.052-930-6390	高松本校 TEL.087-811-2775　FAX.087-821-9177
大阪本校 TEL.06-6271-7787　FAX.06-6271-7831	沖縄本校 TEL.098-917-0472　FAX.098-917-0473
京滋本校 TEL.075-694-1777　FAX.075-661-8864	広島拠点 TEL.090-4913-7771　FAX.082-533-7733
神戸本校 TEL.078-381-6227　FAX.078-381-6228	岡山本校 TEL.086-207-2070　FAX.086-207-2033
西東京本校 TEL.042-643-0722　FAX.042-643-0723	北陸拠点 TEL.080-3460-3754　FAX.076-464-1341
札幌本校 TEL.011-768-7734　FAX.011-768-7738	大宮拠点 TEL.048-778-9047　FAX.048-778-9047
福岡本校 TEL.092-732-7200　FAX.092-732-7110	

全国支部校のお問い合わせは、
サクセスNo.1 東京本校（TEL. 03-5750-0747）まで。

メール info@success.irh.jp

エンゼルプランV

信仰教育をベースに、知育や創造活動も行っています。

信仰に基づいて、幼児の心を豊かに育む情操教育を行っています。また、知育や創造活動を通して、ひとりひとりの子どもの個性を大切に伸ばします。お母さんたちの心の交流の場ともなっています。

TEL 03-5750-0757　FAX 03-5750-0767
メール angel-plan-v@kofuku-no-kagaku.or.jp

ネバー・マインド

不登校の子どもたちを支援するスクール。

「ネバー・マインド」とは、幸福の科学グループの不登校児支援スクールです。「信仰教育」と「学業支援」「体力増強」を柱に、合宿をはじめとするさまざまなプログラムで、再登校へのチャレンジと、進路先の受験対策指導、生活リズムの改善、心の通う仲間づくりを応援します。

TEL 03-5750-1741　FAX 03-5750-0734
メール nevermind@happy-science.org

ユー・アー・エンゼル!（あなたは天使!）運動

障害児の不安や悩みに取り組み、ご両親を励まし、勇気づける、障害児支援のボランティア運動です。学生や経験豊富なボランティアを中心に、全国各地で、障害児向けの信仰教育を行っています。保護者向けには、交流会や、医療者・特別支援教育者による勉強会、メール相談を行っています。

TEL 03-5750-1741　FAX 03-5750-0734
メール you-are-angel@happy-science.org

シニア・プラン21

生涯反省で人生を再生・新生し、希望に満ちた生涯現役人生を生きる仏法真理道場です。週1回、開催される研修には、年齢を問わず、多くの方が参加しています。現在、全国8カ所（東京、名古屋、大阪、福岡、新潟、仙台、札幌、千葉）で開校中です。

東京校 TEL 03-6384-0778　FAX 03-6384-0779
メール senior-plan@kofuku-no-kagaku.or.jp

入会のご案内

あなたも、幸福の科学に集い、
ほんとうの幸福を
見つけてみませんか？

幸福の科学では、大川隆法総裁が説く仏法真理をもとに、
「どうすれば幸福になれるのか、また、
他の人を幸福にできるのか」を学び、実践しています。

入会

大川隆法総裁の教えを信じ、学ぼうとする方なら、どなたでも入会できます。入会された方には、『入会版「正心法語」』が授与されます。（入会の奉納は1,000円目安です）

ネットでも**入会**
できます。詳しくは、
下記URLへ。
**happy-science.
jp/joinus**

三帰《さんき》誓願《せいがん》

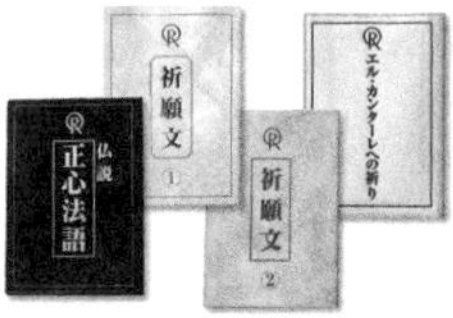

仏弟子としてさらに信仰を深めたい方は、仏・法・僧の三宝への帰依を誓う「三帰誓願式」を受けることができます。三帰誓願者には、『仏説・正心法語』『祈願文①』『祈願文②』『エル・カンターレへの祈り』が授与されます。

植福《しょくふく》の会

植福は、ユートピア建設のために、自分の富を差し出す尊い布施の行為です。布施の機会として、毎月1口1,000円からお申込みいただける、「植福の会」がございます。

「植福の会」に参加された方のうちご希望の方には、幸福の科学の小冊子（毎月1回）をお送りいたします。
詳しくは、下記の電話番号までお問い合わせください。

月刊
「幸福の科学」

ザ・伝道

ヤング・ブッダ

ヘルメス・
エンゼルズ

INFORMATION	**幸福の科学サービスセンター** **TEL. 03-5793-1727**（受付時間 火～金：10～20時／土・日：10～18時） 宗教法人 幸福の科学 公式サイト **happy-science.jp**